W0380566

Paris inattendu

PHOTOGRAPHIES
GILBERT FALISSARD

CHÊNE PARIS

Introduction

Lorsque j'ai décidé d'être photographe, je me suis dit qu'un jour peut-être j'aurais la possibilité de réaliser un rêve, rendre un hommage à la ville de mon enfance, la plus photographiée, racontée, mystifiée… Paris !

Je suis parti le nez au vent, l'appareil en bandoulière, avec le privilège de poser mon regard en toute liberté pour la réalisation de ce livre. De mes dernières balades, je garderai l'émoi des rencontres humaines, magiques par les échanges d'anecdotes, d'informations, et une nostalgie d'un temps que l'on sait éphémère dans un Paris en mutation permanente. Paris ville des lumières, Paris photographiée encore et encore.

Alors pourquoi cet énième livre sur la capitale ? Parce que c'est en pensant à vous, amoureux ou curieux de cette ville, que j'ai emprunté ces chemins de traverse, recueilli ces confidences. Si, en vous livrant ces images, je vous donne l'envie de la photographier à votre tour, j'aurai gagné mon Paris.

Gilbert Falissard

When I made the decision to become a photographer, I told myself that I might one day get the chance to make a certain personal dream come true – pay homage to the city of my childhood, the most photographed, talked-about, dreamt-about city in the world. Paris!

So I followed my nose, camera slung across my chest and was eventually commissioned to produce a book – carte blanche to take whatever pictures I pleased. I will never forget the people I met in my wanderings, the magical exchange of stories and information, and that mood of nostalgia for a time that we know can never last. Because Paris, the much-photographed City of Light, is constantly changing.

So why yet another book on France's capital? Because in exploring all those back routes and listening to all those confidences, I was thinking of people like you – people in love with Paris or at the very least curious about it. And if the images I offer you here inspire you to take your own photographs, then I will have won my bet.

Gilbert Falissard

Pourchassés pour la vente de pamphlets.
Prosecuted for selling pamphlets.

La Ville de Paris n'octroya de concessions à ses **bouquinistes** qu'en 1859, et sous réserve qu'il y ait assez d'espace entre leurs « boîtes » pour que l'on puisse voir les berges de la Seine.

It was 1859 before the city of Paris granted Paris ***booksellers*** *concessions, on condition that they leave enough room between their 'stalls' for people to see the banks of the River Seine.*
Pourchassés pour la vente de pamphlets.
Prosecuted for selling pamphlets.

Portant le nom de son ingénieur, Christophe Marie, **le pont Marie** relie l'île Saint-Louis au quai de l'Hôtel-de-Ville. Le 1er mars 1658, une crue emporta deux arches du pont avec les vingt maisons perchées dessus.

Named after the engineer who built it, Christophe Marie, ***the Pont Marie*** *joins the Ile Saint-Louis with the Quai de l'Hôtel-de-Ville. On 1 March 1658, a crane removed two of the bridge's archways, complete with the twenty houses they supported.*

Le jardin des Tuileries.
The Jardin des Tuileries.

Pierre II Legros, génie de l'art franco-italien, est l'auteur de ce marbre original situé au bout d'une colonne d'arbres et baptisé *Le Silence*. Sa position en retrait dans **le jardin des Tuileries** explique peut-être qu'il n'ait pas été choisi pour le musée du Louvre.

'Le Silence': an original marble statue in the ***Jardin des Tuileries****, designed by sculptor and creative genius of French-Italian art Pierre II Legros. The statue is set back from the main part of the gardens, and this may explain why it has never been selected for the Louvre collection.*

Le jardin des Tuileries au rythme des saisons.
The rhythm of the seasons.

Sortie de la rue de Rivoli, cette coureuse coupe **la terrasse des Feuillants**. Elle traverse ainsi le plus important et le plus ancien des jardins à la française parisiens.

Jogger leaving the rue de Rivoli and heading for ***the Terrasse des Feuillants*** *(Jardin des Tuileries), the largest and oldest of Paris' formal French gardens.*

La Commune rendit cet espace au public.
In public ownership since the Paris Commune.

Dans un froid glacé, ces touristes arpentent d'un air décidé **la terrasse des Feuillants**. Sous le second Empire, cette partie du jardin était aménagée à l'anglaise et réservée à l'usage privé de Napoléon III.

Tourists bravely trudging around ***the Terrasse des Feuillants*** *in the freezing cold. In the Second Empire, this part of Les Tuileries was landscaped and exclusively reserved for Napoleon III.*

Un moine, un cheval blanc et une fille de joie.
Monks, white horses and prostitutes.

Tels sont les êtres que l'on était censé rencontrer sur les trottoirs du **Pont-Neuf** où se retrouvaient tous les Parisiens. Il s'agit des premiers trottoirs de Paris et du plus vieux pont traversant la Seine dans toute sa largeur.

Once a popular meeting place, ***the Pont-Neuf*** *is one of the oldest bridges in Paris. It used to be said that it was impossible to cross the bridge without passing a monk, a white horse and a prostitute.*

Henri IV fondu à la Révolution.
Equestrian statue of Henri IV, melted down in the French Revolution.

À gauche :
La Conciergerie est le vestige de l'ancien palais de la Cité, érigé sur un site qui abrita les gouverneurs romains et les premiers Capétiens. Au XIVe siècle, Philippe IV le Bel la transforma pour en faire la plus grande demeure d'Europe, symbole de sa puissance.

À droite :
La statue équestre d'Henri IV, qui ornait **le Pont-Neuf** en 1614, fut fondue pour faire des canons lors de la Révolution. Elle ne sera remplacée qu'en 1818, sous la seconde Restauration.

Left:
***The Conciergerie**: all that remains of the former Palais de la Cité, built on what was once the residence of the Roman governors and later the first Capétiens. In the 14th Century, Phillippe IV le Bel would transform it into the greatest palace in Europe.*

Right:
*The statue was originally added to **the Pont-Neuf** in 1614, but then melted down to make cannon for the Revolution. The present statue was cast in 1818, in the period of the Second Restoration.*

Hora fugit, stat jus.
Hora fugit, stat jus.

« L'heure passe, le droit demeure. »
Ce cadran solaire de 1900 situé au **14 du quai des Orfèvres** représente à gauche le Temps avec sa faux et à droite la Justice qui pèse et tranche. Seules les lignes de 9 à 18 heures sont gravées. Horaire de justice ?

'The hour flees, justice remains'. Bas-relief sundial dating from 1900, located at ***14 Quai des Orfèvres.*** *On the left, Time with his scythe and on the right Justice with her sword and scales. Only the hour-lines from 9am to 6pm are engraved – the hours of business for justice, perhaps?*

Du style gothique à celui de la Renaissance.

A combination of Gothic and Renaissance styles.

L'église Saint-Eustache.
Saint-Eustache Church.

La plus grande station de métro du monde.
The largest underground station in the world.

À la fois ventre et cœur de Paris, **les Halles** ont suscité un nouveau concours international d'architecture. Des travaux devraient y voir le jour.

'Les Halles', *nicknamed the belly of Paris, was once the city's central marketplace.*
In the pipeline is a new Forum of Les Halles, designed by the winners of the latest international architecture competition.

Après deux années de concertation.
Two years in the pipeline.

La fontaine des Innocents est de style Renaissance. Réalisée d'après les dessins de Pierre Lescot et sculptée par Jean Goujon en 1550, elle trône au cœur du quartier des Halles.

The **Fontaine des Innocents***: a splendid Renaissance-style monument at the heart of the Halles district. It was sculpted by Jean Goujon in 1550, based on drawings by Pierre Lescot.*

La rénovation du **jardin des Halles** devrait commencer à la fin du premier trimestre 2010 et se terminer en 2013.

The Jardin des Halles*: scheduled for a three-year renovation programme starting in the spring of 2010.*

Le Soleil Levant

Les rues Courtalon, Pierre-Lescot et Rambuteau.
The Rue Courtalon, the Rue Pierre-Lescot and the Rue Rambuteau.

À gauche et ci-dessus :
Dans ces ruelles étroites où jaillit la lumière, **le quartier des Halles** conserve ses symboles du travail (la ruche), du commerce (le caducée) et de la prospérité (cornes d'abondance).

Left and above:
***The Halles district**, a place of narrow streets punctuated by shafts of sunlight. Home to lovingly preserved symbols of work (the beehive), commerce (the caduceus) and eloquence (the horn of plenty).*

Une chouette vous regarde…
Eye to eye with an owl …

Rue du Cygne,
notre regard croise parfois d'étranges oiseaux de nuit. Peut-être sont-ils là pour veiller sur les sorties de bars ?

Rue du Cygne,
where strange nocturnal creatures stare back at you, as if keeping watch as the bars empty at night.

Le Paris des Misérables.
The Paris of Les Misérables.

« Il arrivait du côté de **la rue du Cygne** et il avait lestement enjambé la barricade. [...] Gavroche fit plus d'effet dans la barricade que le boulet. »
Victor Hugo

'He came from the direction of the ***rue du Cygne****, and clambered over the barricade. [...] Gavroche had more of an effect on the barricade than the cannonball itself.'*
Victor Hugo

AU BEAU CYGNE
RUE DU CYGNE
RUE St DENIS

Le passage des Princes
est le dernier passage construit à l'époque d'Haussmann, en 1860. Détruit pour une opération immobilière, il a été reconstruit à l'identique. Il relie le 5 du boulevard des Italiens et le 97 de la rue de Richelieu.

***The Passage des Princes**, dating from 1860: the last covered passage to be built in Paris in the Haussmann period. Demolished in the course of building works, it has now been rebuilt in its original form, linking No 5 Boulevard des Italiens with 97 Rue de Richelieu.*

La rue des Colonnes
est l'un des rares exemples de construction de l'époque révolutionnaire.

The Rue des Colonnes:
a rare example of building in the time of the French Revolution.

Le passage Colbert, situé entre le 7 de la rue des Petits-Champs et le 2 de la rue Vivienne, était autrefois orné d'un candélabre en bronze portant une couronne de sept globes de cristal éclairés au gaz, réalisé en 1826 par l'architecte J. Billaud. L'œuvre était surnommée le « cocotier lumineux ».

***The Passage Colbert**, between No 7 Rue des Petits-Champs and No 2 Rue Vivienne. It once boasted an ornate bronze candelabra, designed by architect J. Billaud, with a crown of seven gas-lit crystal globes that earned it the nickname 'the luminous coconut palm'.*

La galerie Vivienne est l'une des plus charmantes et des plus élégantes galeries de Paris. La verrière offre aux passants une lumière zénithale douce. La mosaïque du sol est l'œuvre de l'Italien Faccina.

***The Galerie Vivienne**, one of the most charming and elegant of Paris' covered arcades. It is lit from above via a stained-glass ceiling and retains its original mosaic floor designed by Italian artist Facchina.*

En 1840, Vidocq habita au numéro 13.
In 1840, Vidocq lived at Number 13.

La galerie Vivienne possède trois entrées : au 4 de la rue des Petits-Champs, au 5 de la rue de la Banque et au 6 de la rue Vivienne. L'installation de Jean-Paul Gaultier dans la galerie en 1986 a permis son renouveau : elle accueille aujourd'hui de nombreuses boutiques de prêt-à-porter.

***The Galerie Vivienne** has three points of entry: No 4 Rue des Petits-Champs, No 5 Rue de la Banque and No 6 Rue Vivienne. Jean-Paul Gaultier's arrival in 1986 marked a new departure for the Galerie which today houses many fashion boutiques.*

La coupole en verre hémisphérique d'origine permet une aération du passage. Des déesses et des nymphes décorent le tour de la rotonde.

The Galerie is still ventilated by its original, hemispherical glass cupola, pictured here. The interior of the rotunda is decorated with goddesses and nymphs.

Le plus haut de Paris.
The highest in Paris.

Le passage du Grand-Cerf s'ouvre au 145 de la rue Saint-Denis. Entre 1800 et 1860, Paris voit la construction de vingt-neuf passages. Depuis, sept ont été transformés et douze démolis.

***The Passage du Grand-Cerf**, entered via No 145 Rue Saint-Denis: one of 29 covered arcades built in Paris in the period 1800-1860. Of these, seven have since undergone conversion and twelve have been demolished.*

Au n° 78 de **la rue Montorgueil**, le restaurant « Au rocher de Cancale », ouvert en 1846, a succédé au célèbre établissement du même nom situé au n° 61.
Cette rue était le passage des mareyeurs de la Manche et de la mer du Nord qui livraient poissons et crustacés aux Halles.

The 'Au Rocher de Cancale' restaurant at No 78 ***Rue Montorgueil*** *opened for business in 1846, replacing the famous restaurant of the same name at No 61. The Rue Montorgueil was once a thoroughfare for English Channel and North Sea fishermen delivering fish and seafood to Les Halles.*

Au n° 51 de **la rue Montorgueil**, enseigne au-dessus de la porte. Non, rien n'a été oublié : l'équerre, le compas, la branche d'acacia…

Stone symbol over the doorway of No 51 ***Rue Montorgueil****. No, nothing has been forgotten: set square, compass, acacia branch…*

Au temps des colonies…
In colonial times…

Dans le prolongement de la rue Montorgueil, au 10 **rue des Petits-Carreaux**, l'enseigne coloniale en céramique vernissée d'une ancienne brûlerie de café.

Glazed ceramic panel in the colonial style on the shop front of a former coffee-roasters in the ***Rue des Petits-Carreaux****, a continuation of the Rue Montorgueil.*

AU PLANTEUR
CROMMER
AUCUNE SUCCURSALE

Ci-dessus et à droite :
Sur ce bâtiment au style néogothique de la **rue Réaumur**, des sculptures de Jacquier représentant Janus, les douze mois de l'année, les signes du zodiaque et les quatre saisons. Et, dans l'axe central, une spectaculaire horloge en guise de rosace.

Above and right:
n Neo-gothic façade on the ***Rue Réaumur****, decorated with Jacquier sculptures representing Janus, plus the twelve months of the year, the signs of the zodiac and the four seasons. In the central axis is a spectacular clock fashioned like a rose window.*

Engouement pour l'Égypte après l'expédition de Bonaparte.
The Egyptian craze sparked by Napoleon's Egyptian Campaign.

Au n° 2 de la **place du Caire** se trouve une maison de style égyptien arborant trois portraits de la déesse Hathor. Cette demeure donne sur l'entrée du passage du Caire.

No 2 ***Place du Caire****: Egyptian-style house decorated with three portraits of the goddess Hathor. The house opens onto the Passage du Caire.*

Nouveau morceau d'architecture.
A new form of architecture.

Le début du xxe siècle est marqué par un nouveau règlement d'urbanisme (1902) permettant la construction de saillies sur la rue. Le percement de la **rue Réaumur**, réalisé à partir de 1895, a été le laboratoire de ce nouvel urbanisme.

The cutting-through of the ***Rue Réaumur*** *from 1895 onwards was the blueprint for new urban legislation passed in 1902, which authorized buildings with staggered façades.*

Cet immeuble de style néobaroque situé à l'angle de la rue Réaumur et du boulevard de Sébastopol témoigne de la prospérité du distributeur **Félix Potin**. Il se signale par une façade de l'architecte Charles-Henri Lemaresquier (1910) décorée de couleurs foisonnantes.

Neo-Baroque building on the corner of the Rue Réaumur and the Boulevard de Sébastopol, 19th Century headquarters of French grocery chain ***Félix Potin****. The brightly coloured façade designed by architect Charles-Henri Lemaresquier (1910) bears witness to the chain's prosperity.*

F. POTIN

Autour du **boulevard Bonne-Nouvelle** se trouvent des bâtiments d'angle aux arêtes aiguës.

Corner buildings with pointed roof lines around the ***Boulevard Bonne-Nouvelle****.*

La rue de la Lune, ouverte vers 1630, suit le tracé du rempart de l'enceinte de Louis XIII.

The Rue de la Lune *(c. 1630) follows the old city ramparts of Louis XIII.*

RUE DE LA LUNE
HOTEL
www.monalisait.fr
HOTEL

REX
REX
Music Machine présente

Au n° 1 du boulevard Poissonnière se dresse **le Rex**, un des plus beaux cinémas de Paris, inauguré en 1932. Le propriétaire de l'époque, Jacques Haïk, s'était lancé dans la construction d'une salle extravagante. La décoration des halls est un hommage aux gens du cirque, les premiers à avoir diffusé les films de Georges Méliès.

The Rex Cinema,
N° 1 Boulevard Poissonnière: one of the loveliest cinemas in Paris, opened in 1932. Original owner Jacques Haïk created a most elaborate theatre with decoration that pays homage to circus performers, the first to have popularized the films by Georges Méliès.

Dans les coulisses du cinéma.
Behind the scenes at the legendary Grand Rex Cinema.

Page de gauche et ci-dessus :
Les Étoiles du Rex : tel est le nom d'un itinéraire ludique à travers les coulisses, créé en 1997, qui dévoile la magie du cinéma.

Left and above :
*Visitors since 1997 have been shown the secrets of the silver screen on a guided tour called '**Les Étoiles du Rex**'.*

Une grande halle de fer et de verre entre square et platanes.
A huge covered market in iron and glass, set between a square and plane trees.

Construit en 1863,
le carreau du Temple
était le marché couvert
incontournable de la vente
de vêtements.

*The Carreau du Temple
was once the place to go
for new and used clothes.*

Proche du Centre Pompidou, **le passage Molière** relie deux rues anciennes : la rue Quincampoix et la rue Saint-Martin. Des antiquaires y sont installés.

***The Passage Molière**, near the Centre Pompidou, links two ancient streets, the Rue Quincampoix and the Rue Saint-Martin. It is lined with antique*

Le carreau du Temple avait cette spécificité d'abriter uniquement des marchands de vêtements. Un tirage au sort était organisé tous les matins pour désigner les emplacements de chaque marchand.

***The Carreau du Temple**, a covered market that used to specialize in clothing. A draw would be held every morning to allocate stall sites.*

Page de gauche :
Au 14 de **la rue de Bretagne**, une façade Art déco avec des figures féminines aux formes épurées et des lignes sobres et géométriques.

Left:
Art Deco façade at No 14 ***Rue de Bretagne****: women's faces, with chiselled features and sober, geometric contours.*

La maison du 51 **rue de Montmorency** est la plus ancienne de Paris (1407). L'alchimiste Nicolas Flamel, secondé par sa femme Pernelle, y accueillait des malades et les soignait.

The house at No 51 ***Rue de Montmorency*** *is the oldest in Paris. It was built in 1407 by French alchemist Nicolas Flamel and his wife Pernelle as a hospice for the sick.*

Le quai de Bourbon fut rebaptisé quai de l'Égalité entre 1793 et 1806. C'est au 19 du quai de Bourbon que Camille Claudel a créé ses plus belles œuvres, de 1899 à 1913.

*From 1793 to 1806, **the Quai de Bourbon** was known as the Quai de l'Egalité. French sculptress Camille Claudel had a studio at No 19 Quai de Bourbon from 1899-1913.*

Une quiétude créatrice…
Creative peace...

L'actuel **pont Saint-Louis**, inauguré en 1970. En toile de fond, le dôme du Panthéon.

*The **Pont Saint-Louis**, inaugurated in 1970, with the dome of the Panthéon in the background.*

Le plus ancien marché de Paris.
The oldest market in Paris.

Édifié en 1615, **le marché des Enfants-Rouges** doit son nom aux jeunes pensionnaires d'un orphelinat construit en 1534 par Marguerite de Navarre. Les enfants étaient vêtus d'un habit rouge en signe de charité.

Built in 1615, ***the Marché des Enfants-Rouges*** *takes its name from the red uniforms worn by the children of an orphanage built in 1534 by Marguerite de Navarre. Their red uniforms identified them as orphans.*

La façade de **l'Hôtel de Ville**, reconstruite dans le style Renaissance, s'inspire largement de celle du bâtiment disparu en 1871 pendant la Commune.

The façade of the ***Hôtel de Ville****: rebuilt in the Renaissance style along the lines of the original building that burnt down at the time of the Paris Commune of 1871.*

Au nom du peuple !
In the name of the people!

C'est **place de l'Hôtel de Ville** que la Commune de Paris fut proclamée devant plus de 200 000 personnes, le 28 mars 1871.

It was at the ***Place de l'Hôtel de Ville*** *that the Paris Commune was proclaimed on 28 March 1871, witnessed by 200,000 people.*

Entre la rue Quincampoix et le Centre Pompidou, la **rue de Venise** est une des plus étroites de Paris : 2 mètres !

*The **Rue de Venise**, between the Rue Quincampoix and the Centre Pompidou, is just two metres wide, which makes it the narrowest in Paris.*

La première pierre de **la cathédrale Notre-Dame de Paris** fut posée en 1163. À gauche, le portail Saint-Étienne, au niveau du bras sud du transept (nef transversale). À droite, une vue du portail du Jugement dernier.

***Notre Dame Cathedral**: the first stone was laid in 1163. Left: the Portail (doorway) Saint-Étienne, in the south transept. Right: the Portail du Jugement Dernier, depicting the last judgement.*

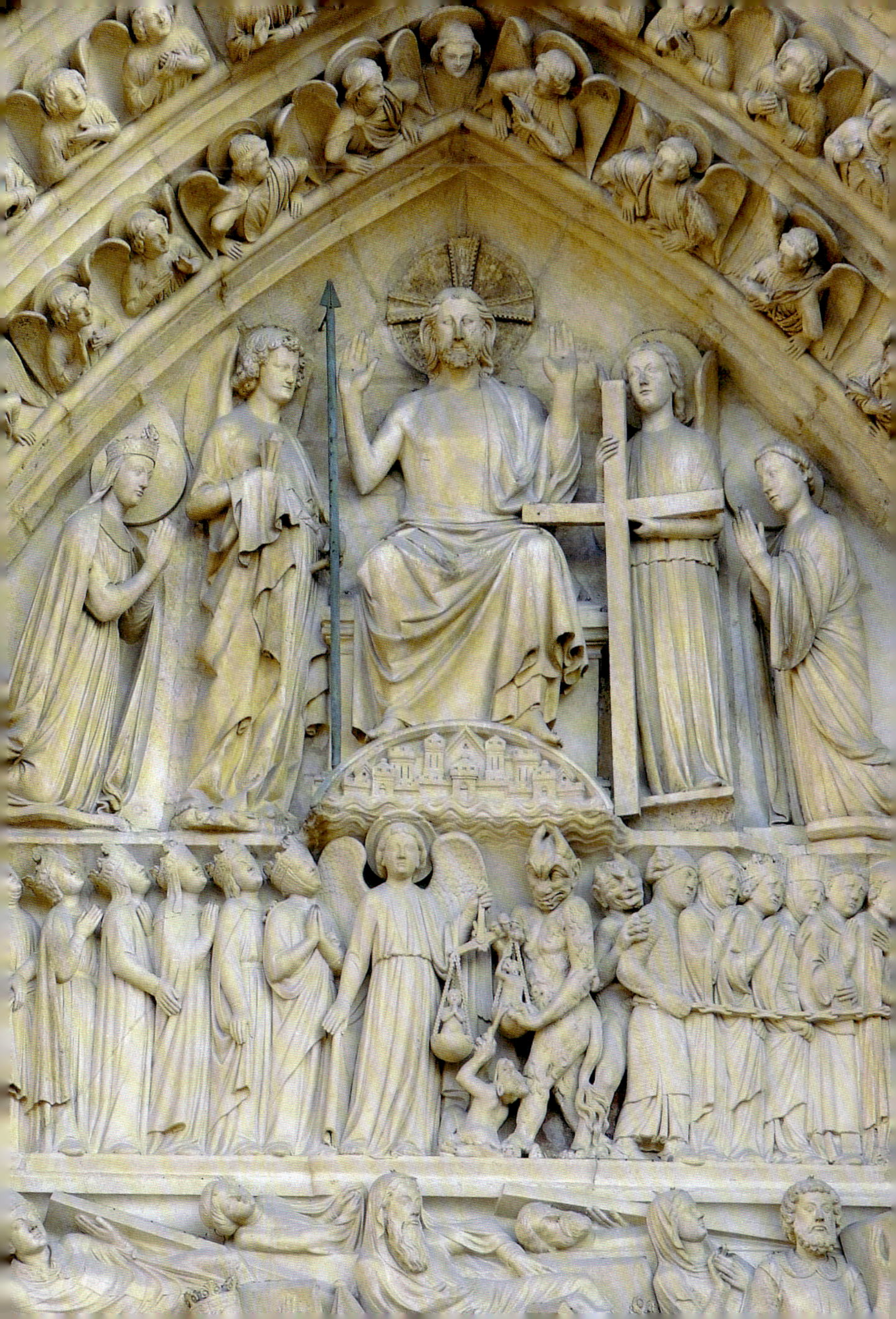

En 1709, le pont au Double s'écroule.
In 1709, the Pont au Double collapsed.

L'hôpital de **l'Hôtel-Die**u manquant de place, ce pont fut construit en 1626 afin d'accueillir des locaux supplémentaires pour installer des malades. Le pont s'écroulera en 1709 et en 1847 et sera remplacé par une arche en fonte.

This bridge was built in 1626 to accommodate new wards for the sick and relieve the overcrowding in the Hôpital de ***l'Hôtel-Dieu****. The original bridge collapsed in 1809 and was replaced in 1847 by a single arch, cast-iron bridge.*

La plus ancienne église de la rive droite.
The oldest church on the Right Bank.

L'église **Saint-Gervais-Saint-Protais** fut construite en 1494 sur l'emplacement du premier bâtiment mérovingien de la rive droite. À côté de l'église, la rue François-Miron abrite encore deux maisons médiévales, au n° 11 et au n° 13.

*The Eglise **Saint-Gervais-Saint-Protais** was built in 1494 on the site of the Right Bank's earliest Merovingian building. Next to the church, the houses at Nos 11 and 13 Rue François-Miron date from the medieval period.*

Rue André-sur-l'Eau en 1257.
Originally the Rue André-sur-l'Eau.

Elle était habitée au XIIIe siècle par un nommé Garnier, dont la maison se trouvait près de l'eau. Par déformation populaire, elle est devenue **rue du Grenier-sur-l'Eau**.

In the 13th Century (1257) one of the people in this street was a man called Garnier whose house stood on the water's edge. Over the years, Garnier became corrupted to Grenier, giving us the street's present name: ***Rue du Grenier-sur-l'Eau.***

Au n° 12, cette vieille maison fut construite en 1327 pour l'abbaye des dames de Maubuisson, près de Pontoise. La Ville de Paris l'a achetée en 1972. Aujourd'hui, c'est une des trois Maisons internationales des jeunes du Marais.

This ancient house at No 12 Rue du Grenier-sur-l'Eau was built in 1327 for the Sisters of the Abbey of Maubuisson, near Pontoise. Purchased by the City of Paris in 1972, it is now one of three international youth hostels in the Marais area.

Victor Hugo résida près de seize ans au n° 6.
Victor Hugo lived at No 6 for nearly sixteen years.

D'abord dénommée place Royale, la **place des Vosges** est la plus ancienne de Paris. Le pavillon du roi, au n° 1, fut achevé en 1608. Traversé au rez-de-chaussée par la rue de Birague, il n'a jamais été habité par le roi mais par son concierge…

Originally called the Place Royale, the ***Place des Vosges*** *is the oldest square in Paris. At No 1 is the Pavillon du Roi, completed in 1608 and traversed at street level by the Rue de Birague. Incidentally, the house was never occupied by the king – only by his caretaker.*

Propriété des Templiers du XIIe au XIVe siècle.
Owned by the Knights Templar from the 12th to the 14th

L'actuelle église **Notre-Dame-des-Blancs-Manteaux**, de style classique et basilical, a été construite entre 1685 et 1690. Le collatéral droit abrite une Vierge à l'Enfant du XIVe siècle.

The present-day Eglise ***Notre-Dame-des-Blancs-Manteaux****, constructed in the classical, basilica style in the period 1685-1690. In the right-hand aisle is a 14th Century statue of the Virgin and Child.*

Le charme des bords de Seine...
Along the banks of the River Seine...

Quai de Montebello, les bouquinistes font partie du paysage parisien. Leurs boîtes pleines de trésors offertes aux regards constituent une véritable animation.

***The Quai Montebello**: open-air stalls selling art and books are part of the Parisian landscape – a feast for the eyes of passers-by.*

Le pont Saint-Michel doit son nom à une chapelle du Palais de justice.
The Pont Saint-Michel, named after a chapel at the Palais de Justice.

Ce fut le premier pont à être surmonté de bâtiments. En 1786, il portait encore 32 maisons de chaque côté. Le pont actuel, de 1857, possède trois arches décorées du monogramme de Napoléon III.

In 1786 there were still 32 houses on each side of this bridge, which was the first to support buildings. The present-day bridge dates from 1857 and features three arches decorated with an N for Napoleon (III).

Le labyrinthe du Jardin des Plantes est dominé par un petit pavillon de bronze, édifié en 1786 selon les plans de Verniquet, qui est le plus ancien édifice métallique de Paris. Il est construit sur une butte constituée de déchets domestiques.

The maze in the Jardin des Plantes*. Overlooking it is the oldest metal structure in Paris: a small bronze pavilion, built on a landfill mound in 1768, according to plans drawn up by royal surveyor Edme Verniquet.*

Sur l'emplacement de l'hôtel de Chanac, du XIVe siècle.
Former site of the 14th Century Hôtel de Chanac.

Le passage des Patriarches a été immortalisé par Edgar P. Jacobs dans *L'Affaire du collier*, une des aventures de Blake et Mortimer.

Former site of the 14th Century Hôtel de Chanac. ***The Passage des Patriarches****, as immortalized by Belgian author Edgar P. Jacobs in The Necklace Affair* ('L'Affaire du Collier') *– one of many Blake and Mortimer adventures.*

ARENES DE LVTECE
PARTIE NORD DECOUVERTE EN 1869
PARTIE SUD MISE AU JOUR EN 1883-1885
L'ENSEMBLE RESTAURÉ EN 1917-1918

Le plus ancien monument de Paris.
The oldest monument in Paris.

Les Arènes de Lutèce sont accessibles par le n° 47 de la rue Monge. Connu depuis le Moyen Âge, cet amphithéâtre gallo-romain de la fin du ier siècle a été mis au jour par Théodore Vaquer lors du percement de la rue Monge, entre 1860 et 1869.

The Arènes de Lutèce*: a Gallo-Roman amphitheatre dating from the end of the 1st Century and discovered by Théodore Vaquer when the rue Monge was cut through in the period 1860-1869. Pictured here: the entrance to the Arènes at No 47 rue Monge.*

Sur celle du 4 **rue de l'Ancienne-Comédie**, construction de la fin du XVIe siècle, figurent les deux plaques d'un notaire. Destouches, auteur dramatique, y demeurait en 1727, c'est-à-dire au moment de la représentation du Philosophe marié.
À droite, porte de **la rue Mazarine**, qui tire son nom du Collège des Quatre-Nations fondé par Mazarin.

Door displaying two engraved notary nameplates at No 4 ***Rue de l'Ancienne-Comédie*** *(16th Century). In 1727 the house was occupied by French play-wright Philippe Destouches, whose play the Philosophe Marié was being staged at the Comédie Française.*
On the right: doorway in ***the Rue Mazarine****, named after the Collège des Quatre-Nations founded by Cardinal Mazarin.*

Des portes… des histoires.
The stories behind closed doors.

La rue de Verneuil,
où Serge Gainsbourg,
disparu le 2 mars 1991,
avait son hôtel particulier.

***The Rue de Verneuil**,*
where the late Serge Gainsbourg (deceased 2 March 1991) had his private residence.

Antichambre de la Révolution française.
Antechamber of the French Revolution.

La cour du Commerce doit son nom à la présence de nombreuses boutiques qui entouraient alors deux terrains de jeux de boules. Au n° 8, Marat imprima son journal, L'Ami du peuple.

The Cour du Commerce *takes its name from the many boutiques that once surrounded two bowling grounds here. No 8 was where Jean-Paul Marat printed his newspaper, L'Ami du Peuple (the friend of the people).*

Une institution !
An institution!

L'Institut de France est l'ancien Collège des Quatre-Nations, installé au 23 du quai de Conti. Il a été construit entre 1662 et 1688.

***The Institut de France**, at No 23 Quai de Conti, occupies what was once the Collège des Quatre-Nations, built 1662-1688.*

Une dame de 300 mètres.
The 300m-high Iron Lady.

Construite par Gustave Eiffel et ses collaborateurs pour l'Exposition universelle de 1889, **la Tour Eiffel** salue également le centenaire de la Révolution française.

The Eiffel Tower *was built by Gustave Eiffel and his team for the Universal Exhibition of 1889, exactly one hundred years after the French Revolution.*

Un « squelette de beffroi » disait Verlaine.
This 'belfry skeleton' said Paul Verlaine.

En 1887, trois cents artistes s'associent pour fustiger **la tour Eiffel**. Par la suite, le succès est populaire. Roland Barthes disait d'elle : « Regard, objet, symbole, la Tour est tout ce que l'homme met en elle, et ce tout est infini. »

n In 1887, three hundred artists joined together to lambast **the Eiffel Tower** *– which enjoyed growing popularity thereafter. Twentieth century cultural theorist Roland Barthes would describe the Tower as 'A look, an object, a symbol – the Tower is everything man sees in her, and that everything is infinite.'*

« Je vis le Dôme venir à moi ! »
'I saw the dome coming towards me!'

En 1989, à l'occasion du bicentenaire de la Révolution française, **le dôme des Invalides** a été redoré avec 550 000 feuilles d'or : l'opération a nécessité plus de 10 kilos d'or. (La citation d'Honoré de Balzac est extraite de « *Le dôme des Invalides* », Hallucination, 1832).

***The dome of the church** at Les Invalides was re-gilded in 1989 to mark the bicentenary of the French Revolution – an operation that required 550,000 sheets of gold leaf, or more than 10 kilos of gold. The quote is taken from Honoré de Balzac's* The Dôme des Invalides, *Hallucination, 1832.*

Le n° 86 du **boulevard Haussmann**, abritant le siège de l'assurance SwissLife. En 1857, l'ouverture du boulevard fit disparaître l'avenue de Munich, formée lors de la création du quartier de l'Europe.

No 86 ***Boulevard Haussmann****, now the head office of Swiss Life. When the boulevard was cut through in 1857, it eliminated the Avenue de Munich, founded at the same time as the Quartier de l'Europe.*

Des griffons ailés et une page d'histoire.
Winged griffins and a page in history.

Réalisé en 1927 pour la Banque coloniale, ce bâtiment, situé au 53 **rue des Mathurins**, a servi sous l'Occupation de poste des armées (Armeefeldpostmeister).

No 53 ***Rue des Mathurins****, built in 1927 for the Banque Coloniale. During the Occupation, the building was the headquarters of the Army Field Postmaster.*

La place Saint-Pierre de Rome comme inspiration ?
Inspired by St Peter's Square in Rome perhaps?

Entre 1835 et 1840, Hittorff ajoute sur **la place de la Concorde** deux fontaines symbolisant la navigation fluviale et la navigation maritime. La fontaine des Fleuves se trouve au nord, et la fontaine des Mers au sud.

The Place de la Concorde*, with its two fountains added by Jacob Hittorff in the period 1835-1840: the Fontaine des Fleuves to the north symbolizes river navigation; and the Fontaine Maritime to the south symbolizes maritime navigation.*

Le pont de la Concorde est le seul pont parisien dont les pierres ne possèdent pas d'anneaux d'amarrage. Il fut en effet construit avec des pierres de taille provenant de la démolition de la prison de la Bastille, qui doivent rester « libres et sans attaches ».

The Pont de la Concorde; *the only stone bridge in Paris not fitted with mooring rings. The stones used to build the bridge were salvaged from the ruins of the Bastille prison and must remain free of attachments of any kind.*

La tête posée entre les jambes.
Head placed between his legs.

Le corps de Louis XVI, décapité le 21 janvier 1793, et celui de Marie-Antoinette, exécutée le 16 octobre 1793, furent inhumés sous un lit de chaux vive dans le cimetière de la Madeleine, devenu aujourd'hui le square Louis-XVI. Louis XVIII fit construire cette « **chapelle expiatoire** » sur l'emplacement du cimetière.

*The '**chapelle expiatoire**' (chapel of atonement) built by Louis XVIII on the former site of the La Madeleine cemetery. Now disappeared, the cemetery once housed the decapitated bodies of Louis XVI (beheaded 21 January 1793) and Marie-Antoinette (beheaded 16 October 1793), buried in a bed of quicklime.*

LE ROI LOUIS XVIII A ÉLEVÉ CE MONUMENT POUR CONSACRER LE LIEU.
OÙ LES DÉPOUILLES MORTELLES DU ROI LOUIS XVI ET DE LA REINE MARIE ANTOINETTE.
TRANSFÉRÉES LE XXI JANVIER MDCCCXV DANS LA SEPULTURE ROYALE DE S^T DENIS.
ONT REPOSÉ PENDANT XXI ANS.
IL A ÉTÉ ACHEVÉ LA DEUXIÈME ANNÉE DU RÈGNE DU ROI CHARLES X.
L'AN DE GRACE MDCCCXXVI.

26, Passage
Créateurs
Joailliers
LEAU
RESTAURA
Quartier
Drouot

Un havre de tranquillité.
A haven of tranquillity .

Le décor du **passage Verdeau**, construit en 1847, en même temps et par les mêmes architectes que le passage Jouffroy, est inchangé depuis la fin de la monarchie de Juillet. Aujourd'hui, il fait bon y chiner des bibelots, cartes postales, gravures, épreuves photographiques.

***The Passage Verdeau**, built in 1847 at the same time and by the same architects as the Passage Jouffroy. Unchanged since the fall of the July Monarchy, the Passage Verdeau is a window-shopper's delight – full of curios, postcards, engravings and photographic prints.*

La sortie du musée Grévin.
Visitors leaving the Musée Grévin.

Le passage Jouffroy,
au 10 du boulevard Montmartre, fut habilement édifié en 1846 dans le prolongement du passage des Panoramas. C'est le premier passage entièrement construit en métal et en verre, le premier également chauffé par le sol. À voir, au n° 37, la boutique de cannes anciennes de M. Segas.

The Passage Jouffroy*, at No 10 Boulevard Montmartre. Cunningly constructed in 1846 in the continuation of the Passage des Panoramas, it was the first covered walkway built entirely of iron and glass and fitted with under-floor heating. Not to be missed is No 38, M. Segas' boutique that specializes in antique walking sticks.*

Pain D'epices

Le Paris de Carné et de Doisneau.
The Paris of Carné and Doisneau.

Hier dévolu au trafic commercial, **le canal Saint-Martin** est aujourd'hui réservé à la navigation touristique.

The Canal Saint-Martin, *once a busy commercial waterway, now the preserve of pleasure boats.*

Une initiation à la cuisine indienne.
An introduction to Indian cuisine.

Construit en 1828 par le commerçant éponyme, **le passage Brady**, au 46 rue du Faubourg-Saint-Denis, est l'un des deux passages couverts du Xe arrondissement.

***The Passage Brady** at No 46 Rue du Faubourg-Saint-Denis: one of two covered arcades in the 10th Arrondissement. Constructed in 1828, it is named afwwwter the businessman who built it.*

PALAIS des
RAJPOUT
PAKISTANAIS
et INDIEN
01.42.46.23.75
Oujda
COIFFURE
01.45.23.43.02
RESTAURANT
PADMA
YASMIN
RESTAURANT INDIEN
RESTAURANT
PALAIS des
RAJPOUT
TANDOORI
01.42.46.23.75
BHAI BHAI

LE BRE

Le passage de la Main-d'Or, à hauteur du 133 de la rue du Faubourg-Saint-Antoine, abrite des bistrots typiques, des ateliers et un théâtre.

The Passage de la Main-d'Or*, at No 133 Rue du Faubourg-Saint-Antoine, home to bistro-style restaurants, workshops and a theatre.*

Un passage des plus pittoresques.
One of Paris's most picturesque alleys.

Le passage Lhomme, qui s'ouvre d'un côté rue de Charonne, nous emmène bien loin du bruit de la rue et des voitures !

The Passage Lhomme, *opening on to the Rue de Charonne – a haven of peace away from the maelstrom of street noise and traffic.*

8

Le quartier du **faubourg Saint-Antoine**, populaire et industriel, fut l'un des plus prompts à se rebeller et à ériger des barricades à chaque révolte (1789, 1796, 1830, 1848), en tirant profit de ses nombreux petits passages.

The Faubourg Saint-Antoine*, once an industrial, working-class area, was one of the first to take part in the popular insurrections of 1789, 1796, 1830 and 1848. Its many little alleys, like the one pictured here, could be easily barricaded.*

Les ateliers ont fait la vitalité de l'artisanat.
Workshops were the making of the craft industry.

On peut encore découvrir des cours et impasses, passages et ruelles au charme désuet qui constituent un réservoir de création artistique.

A secluded courtyard just waiting to be discovered – one of many charmingly old-fashioned cul-de-sacs, alleys and lanes all bustling with artistic energy.

Au n° 81 de la rue du Faubourg-Saint-Antoine, **la cour des Trois-Frères** est restée industrielle.

No 81 Rue du Faubourg-Saint-Antoine: **the Cour des Trois-Frères**, *still a hive of local industry.*

Bastide

Depuis l'ouverture de l'Opéra en 1989, le tissu urbain du **quartier de la Bastille** est un mélange de tradition et de modernité.

***The Bastille district**: a mixture of tradition and modernity since the opening of the Bastille Opera House in 1989.*

À l'angle de la rue du Faubourg-Saint-Antoine et de la rue de Charonne, **la fontaine Trogneux**, du nom d'un brasseur du faubourg, fut édifiée 1807. Elle est toujours en activité, mais son eau n'est plus potable.

The Fontaine Trogneux *on the corner of the Rue du Faubourg-Saint-Antoine and the Rue de Charonne. Installed in 1807, it was named after a local brewer and is still working today, though the water is no longer drinkable.*

Des sœurs charitables…
Sisters of Mercy...

À l'emplacement du **square Trousseau**, *se trouvait en 1674 l'hospice des Enfants-Trouvés ; environ un millier d'enfants étaient abandonnés chaque année à Paris.*

***The Square Trousseau**. In 1674 this was the site of L'Hospice des Enfants-Trouvés, a hospice for some of the one thousand children abandoned in Paris every year.*

Choisi par Mitterand.
Selected by Mitterand.

En 1984, les architectes Paul Chemetov et Borja Huidobro remportent le concours du nouveau **ministère des Finances**, qui sera achevé en 1989.

1984 prize-winning entry by architects Paul Chemetov and Borja Huidobro in a competition to design a new building for ***the Ministry of Finance*** *(completed 1989).*

Il relie le XIIe et le XIIIe arrondissement.
Linking the 12th and the 13th arrondissements.

Avant 1832, la traversée de la Seine à cette hauteur s'effectuait avec un bac. En 1904, **le pont de Bercy** fut élargi de 5,50 mètres afin qu'on puisse lui superposer le viaduc de la ligne 6 du métro.

The Viaduc de Bercy. *Prior to 1832, there was only a ferry across the Seine at this point.In 1904, the bridge was widened by 5.50 metres so it could carry the Métro viaduc (Line 6).*

En contrebas sur la photo, ***le chemin de fer de la Petite Ceinture*** *servait au fret et au transport de voyageurs aux portes de Paris. La Petite Ceinture a interrompu son trafic de voyageurs en juillet 1934.*

The The abandoned ***railways lines of the Petite Ceinture*** *(literally 'small belt'), a circular connection between Paris' main railroad stations, carrying freight and passengers, discontinued in July 1934.*

Des livres ouverts.
Open books.

Sur la rive gauche, entre les ponts de Bercy et de Tolbiac, se dressent les quatre tours de la **Bibliothèque nationale de France**, conçues par Dominique Perrault et construites au début des années 1990.

The four square towers of ***the Bibliothèque Nationale de France,*** *on the Left Bank between the Pont de Bercy and the Pont de Tolbiac. Designed by Dominique Perrault and built in the early 1990s.*

Les historiens sont très partagés.
A historical controversy.

Le château de la Reine-Blanche est situé dans un triangle formé par trois rues : la rue des Gobelins, la rue Berbier-du-Mets et la rue Gustave-Geffroy. Mais de quelle reine s'agit-il : Blanche de Castille, mère de Saint Louis, Blanche d'Évreux, femme de Philippe VI, ou Blanche de Bourgogne, épouse de Charles IV ?

The Château de la Reine-Blanche*, occupying a triangle formed by three streets: the Rue des Gobelins, the Rue Berbier-du-Mets and the Rue Gustave-Geffroy. Historians still cannot agree on the identity of the queen, whether Blanche de Castille, mother of Saint Louis, Blanche d'Évreux, wife of Philippe VI, or Blanche de Bourgogne, wife of Charles IV.*

La reine revêt son manteau d'hiver.
The Reine Blanche cloaked in snow.

Le château de la Reine-Blanche aurait été bâti à la fin du xve siècle sur les ruines d'un hôtel rasé en 1404 sur l'ordre du roi Charles VI. Les bâtiments que nous voyons aujourd'hui furent construits au xve siècle par la famille des Gobelins.

The Château de la Reine-Blanche *is thought to date from the late 15th Century, built on the ruins of a private house that had been demolished in 1404 on the order of Charles VI. The buildings we see today were built in the 15th Century by the Gobelins family.*

L'enclos des Gobelins.
The Enclos des Gobelins.

Au XVIe siècle, Gilles Gobelin, natif de Reims, fit construire sur la Bièvre, petite rivière aux eaux pures, une entreprise de teinture entourée d'habitations. En hiver, la Bièvre fournissait de la glace que la population stockait dans des puits.

A dye-works surrounded by houses was built here in the 16th Century by Gilles Gobelin, a native of Reims, who rightly estimated that the pure waters of the small River Bièvre would make his fortune. In winter, the river provided the local people with ice that they stored in wells.

Le long de ce mur, à l'arrière de la chapelle de la Manufacture et derrière les logements des artistes tapissiers, la Bièvre coulait encore au XIXe siècle. Progressivement canalisée puis recouverte, la rivière a disparu de Paris en 1933.

The River Bièvre still flowed in the 19th Century, running along this wall and behind the chapel and artists' studios. It finally disappeared from the Paris landscape in 1933, after being progressively channelled then built over.

En 1662, Colbert et Louis XIV rachetèrent l'entreprise, célèbre pour son rouge écarlate. Cinq années plus tard, le roi lui conféra par un édit le titre de manufacture royale de meubles de la Couronne.

Gobelin's dye works were famous for their scarlet dye when they were purchased by Colbert in 1662 on behalf of Louis XIV. Five years later, the business was appointed furniture manufacturer to the Crown: Manufacture Royale de Meubles de la Couronne.

Aujourd'hui Manufacture nationale de tapisserie.
Now the national tapestry factory.

La réputation de **la Manufacture des Gobelins**, sise au 42 de l'avenue du même nom, ne se dément pas. Le fronton est dû au sculpteur Paul Landowski (1875-1961).

The Manufacture des Gobelins, *at No 42 Avenue des Gobelins – renowned for its outstanding workmanship. Pictured here is the pediment by sculptor Paul Landowski (1875-1961).*

Une partie des bâtiments de la Manufacture a brûlé le 23 mai 1871, lors de la « semaine sanglante » qui a mis fin à la Commune de Paris. Ils ont été reconstruits en 1914.

Parts of the building were rebuilt in 1914, having been destroyed by fire on 23 May 1871 in the 'Bloody Week' that saw the end of the Paris Commune.

Picasso, Giacometti, Hemingway, Kessel...
Picasso, Giacometti, Hemingway, Kessel...

Tous ont déjeuné dans la grande salle rectangulaire Art déco de **la Coupole**, au 102 du boulevard du Montparnasse. Ce lieu fut un témoin majeur de la vie parisienne durant les Années folles.

These are just some of the artists who have lunched at ***La Coupole****, No 102 Boulevard du Montparnasse. Its huge square Art-Deco dining-room witnessed all manner of Parisian goings-on in the Roaring Twenties.*

Coupole

La plus haute tour européenne à sa construction.
The tallest tower in Europe when it was built.

La tour Montparnasse, bâtie de 1969 à 1972, est toujours, avec ses 210 mètres de hauteur, l'un des principaux points de repère de la capitale.

The 210 metre-high ***Tour Montparnasse****, built in the period 1969-1972 – still one of Paris's principal landmarks.*

Cette céramique se trouve **avenue du Général-Leclerc**. Dransy, de son vrai nom Jules Isnard, était un affichiste suisse. Il a notamment dessiné en 1922 le personnage de Nectar, emblème de la maison Nicolas.

Ceramic panel on the Avenue Général-Leclerc*. Dransy (real name, Jules Isnard) made his name in 1922 with an illustration of a wine-toting 'Nectar' that became the emblem of the House of Nicolas.*

D'après Dransy.
After the style of Dransy.

À la fin du XIXe siècle, les immeubles se dotèrent de cette affichette « Gaz à tous les étages » pour informer les futurs locataires du confort des lieux.

'Gaz à tous les étages' (gas on every floor) – such signs were commonly displayed on 19th Century apartment buildings to inform future tenants of the standard of accommodation provided.

« … terrible encore dans sa fureur… »
… remains formidable in its fury… »

Le Lion de Belfort d'Auguste Bartholdi (1880) est un hommage à la lutte héroïque de la population de la ville lors de la guerre franco-allemande, sous la conduite du gouverneur **Denfert-Rochereau**. Au centre de la place du même nom à Paris se trouve une copie en bronze. Le sculpteur parlait de son projet en ces termes : « Le monument représente sous forme colossale un lion harcelé, acculé et terrible encore dans sa fureur… »

The Lion de Belfort: bronze replica by Auguste Bartholdi (1880) of an original in the city of Belfort in eastern France, commemorating the city's heroic stand against the enemy in the Franco-Prussian war. At the head of military operations was Colonel ***Denfert-Rochereau*** *after whom the square pictured here is named. Bartholdi described his work as follows: 'The monument is a representation of colossal proportions, of a besieged, cornered lion that remains formidable in its fury …'*

A LA
DEFENSE NATIONALE
1870 - 1871

Vingt tours donnent une identité au quartier du **Front de Seine** (appelé aussi Beaugrenelle) conçu il y a près d'un demi-siècle.

More than half a century later, the twenty towers of the ***Front de Seine*** *still give this district an unmistakable identity.*

Beaugrenelle de l'environnement ?
Town planning put to the test of time?

Une urbanisation soumise à l'épreuve du temps. Plus de 10 000 personnes vivent dans les immeubles de la dalle du **Front de Seine**.

The high-rise buildings of the **Front de Seine***: now home to more than 10,000 people.*

Le Front bouge !
Signs of change at the Front!

Le Front de Seine aujourd'hui : une dalle plus verte et plus accessible, des parcs plus nombreux… À suivre.

The Front de Seine:
a greener, more accessible esplanade and more parks… To be continued.

Un chalet suisse pour son impératrice.
A Swiss chalet for his Empress.

En 1880, Napoléon III fit élever le chalet des Îles au milieu d'une des îles du bois de Boulogne. Ancien terrain de chasse des rois de France, **le bois de Boulogne** est ce qui reste de l'ancienne forêt de Rouvray.

The Chalet des Iles in ***the Bois de Boulogne,*** *built in 1880 by Napoleon III. Once the hunting ground of the French kings, the Bois de Boulogne is all that remains of the ancient forest of Rouvray.*

Fâché avec son fils, un homme loue au Parti communiste pour 99 ans.
The disinheriting of children being forbidden by French law…

La cité aux Fleurs. En 1920, ne pouvant déshériter son fils, le propriétaire du n° 29 de la cité aux Fleurs loue sa demeure au Parti communiste français : elle devient le siège de la section locale.
En 1962, un commando de l'OAS (Organisation Armée Secrète) pénètre en pleine nuit dans la cité aux Fleurs et mitraille la façade en représailles aux positions du parti sur l'Algérie.

***The Cité aux Fleurs**: in 1920 a father who had fallen out with his son rented this house at No 29 La Cité aux Fleurs to the communist party for 99 years. It became local branch headquarters.In 1962 it was attacked by OAS commandos (Organisation Armée Secrète) who broke into the Cité aux Fleurs and sprayed the house's façade with bullets in reprisal for the Communist party's stand on Algeria.*

Constitué de deux moulins.
Formed from two mills.

Le moulin de la Galette était au départ formé de deux moulins : le Blute-Fin et le Radet. En 1924, le propriétaire a déplacé le Blute-Fin à l'angle des rues Girardon et Lepic.

The Moulin de la Galette was originally two mills: the Blute-Fin and the Radet. In 1924 the owner moved the Blute-Fin to the junction of the Rue Giradon and the Rue Lepic.

Sur la place qui porte le nom de la chanteuse, **le buste de Dalida** et ses seins de bronze font l'objet d'un véritable culte.

Pictured on the right, bronze memorial of the singer ***Dalida****, on the square named in her honour. Her bronze bust and breasts still attract a cult following.*

La maison Rose, rue de l'Abreuvoir, a été rendue célèbre par le peintre Maurice Utrillo, pour qui la couleur jouait un rôle important. En 1919, les prix des peintures d'Utrillo étaient très modestes. Gaston Bolâtre, marchand de la rue des Batignolles, les proposait pour une trentaine de francs.

***The Maison Rose**, Rue de l'Abreuvoir, immortalized by the painter Maurice Utrillo who attached particular importance to colour. In 1919, Utrillo's paintings were still very modestly priced: Gaston Bolâtre, a dealer on the Rue des Batignolles, used to sell them for thirty francs a piece.*

La Maison Rose
Café · Restaurant
RUE DES SAULES
RUE DES SAULES
Restau

La butte Montmartre ne serait pas ce qu'elle est sans ses célèbres escaliers. Elle reste aujourd'hui un lieu fréquenté par plus de six millions de visiteurs qui déambulent dans les ruelles typiques du vieux Paris.

The Butte Montmartre *simply wouldn't be the same without these famous stairs. It remains a major tourist attraction, visited by more than six million people a year as they wander through these narrow lanes typical of old Paris.*

Avec son lacis de ruelles chargées d'histoire et son architecture, Montmartre se prête idéalement à une balade à pied. On voit ici la **rue de l'Abreuvoir**, qui conduisait à l'ancien abreuvoir de Montmartre.

Montmartre, with its architecture and narrow streets steeped in history – the ideal place to visit on foot. Pictured here: the ***Rue de l'Abreuvoir****, so named because it once led to a drinking trough for livestock in Montmartre.*

La Vierge rouge.
The Red Virgin.

Louise Michel hante toujours la butte Montmartre : au n° 41 de la **rue de Clignancourt** se tenaient les réunions du comité de vigilance de l'arrondissement, auquel elle appartenait. Dans une lettre ouverte, elle émet une « protestation des citoyennes de Montmartre » : « Non, Montmartre ne demande pas à être désarmé [...] les pièces de canon, [...] nous les défendrons jusqu'à la mort... Vive la république ! La secrétaire, Louise Michel. »

Page de droite : La butte permet d'avoir une vue sur la Grande Couronne et, au loin, le Stade de France.

Louise Michel: French anarchist whose spirit still haunts the Butte de Montmartre. As Secretary of the Vigilance Committee of the 18th Arrondissement, she attended regular meetings at No 41 **Rue de Clignancourt** *and wrote an open letter defending the seizing of the guns at Montmartre and making a citizen's protest: 'We will defend the guns until death [...] Long live the Republic!'*

Right: View from the Butte Montmartre over the 'Grande Couronne' (Paris' outer suburbs), and the Stade de France.

« Le mur murant Paris rend Paris murmurant. »
"The wall walling Paris renders Paris wailing'.

La barrière Saint-Martin, aussi appelée **rotonde de la Villette** : ce pavillon était l'un des bureaux de perception de l'octroi émaillant le mur des Fermiers généraux, construit entre 1785 et 1788. Beaumarchais, l'auteur de cet alexandrin, voyait là une des causes de la Révolution.

One of the many toll gates of the Barrière Saint-Martin, also known as the ***Rotonde de la Villette****: the so-called wall of the Fermiers Généraux, built in the period 1785 to 1788, for the levy of octroi on all goods entering the city. The Alexandrine line quoted above was Beaumarchais' response to the wall, which he saw as one of the causes of the Revolution.*

Une promenade urbaine à l'arrière du **quai de Seine** qui s'inscrit dans les grands projets de Paris.

Nineteenth century planning has left Paris with a rich legacy of urban walks. Pictured here the **Quai de Seine**.

La Petite Venise parisienne.
Paris' little Venice.

Le bassin de la Villette, construit au début du XIXe siècle, relie le canal de l'Ourcq au canal Saint-Martin.

The Bassin de la Villette *was built in the early 19th Century, linking the Canal de l'Ourcq with the Canal Saint-Martin.*

Paris est propriétaire d'un réseau fluvial. Ici, **le canal Saint-Martin**.

Paris commands and operates a navigable network of waterways. Pictured here, ***the Canal Saint-Martin.***

Le canal Saint-Martin
s'étire sur 4,5 kilomètres
à travers les Xe et XIe
arrondissements.

The Canal Saint-Martin
that flows for 4.5 kilometres
through the 10th and
11th arrondissements.

PERE LACHAISE
NATION
VHF
20

Conçue en partie au grand air, **la ligne 2 du métro parisien**, deuxième ligne ouverte dans la capitale, permet aux voyageurs de voir la ville différemment.

The Ligne 2*, the second underground line to run through the capital. Part of the journey takes passengers over-ground, giving them a different*

À l'ombre du Père-Lachaise.
Shaded by the Père-Lachaise cemetery.

Au 35 de la rue de Bagnolet, le quartier de **la villa Riberolle** est une impasse très attachante.

*The charming **Villa Riberolle** cul-de-sac, at No 35 Rue de Bagnolet.*

À l'ombre du Père-Lachaise.
Shaded by the Père-Lachaise cemetery.

Au 35 de la rue de Bagnolet, le quartier de **la villa Riberolle** est une impasse très attachante.

*The charming **Villa Riberolle** cul-de-sac, at No 35 Rue de Bagnolet.*

Les belles auront la folie en tête…
The last stand of the Paris Commune.

Dans la nuit du 27 au 28 mai 1871, les derniers fédérés se battaient encore dans les allées du Père-Lachaise… À l'aube il n'en restait que 147, que l'on exécuta contre un mur. Avec les pierres de ce mur, le sculpteur Paul Moreau-Vauthier a construit ce monument dans **le square Samuel-de-Champlain**, le long du cimetière.

The night of 27 May 1871 saw bitter fighting around the tombs of the Père Lachaise. At dawn all 147 of the federalists still standing were lined up against the wall and shot. The stone from that wall was then used by sculptor Paul Moreau-Vauthier to create the monument pictured here, in **the Square Samuel-de-Champlain** *alongside the cemetery.*

Index

CREDIT :

P. 130-131 : Paul Chemetov et Borja Huidobro,
Ministère des Finances, © ADAGP, Paris 2009

© Hachette Livre, Éditions du Chêne, 2014
www.editionsduchene.fr

Première édition parue en avril 2009 sous le titre *Paris Intime*

Éditrices : Nathalie Lefebvre et Volcy Loustau
Réalisation graphique : Camille Durand-Kriegel
Traduction : Florence Brutton
Lecture-correction : Catherine Lucchesi
Fabrication : Nicole Thiériot-Pichon
Partenariats et ventes directes : Mathilde Barrois (mbarrois@hachette-livre.fr)
Relations presse : Hélène Maurice (hmaurice@hachette-livre.fr)
Photogravure : APS-Chromostyle

Achevé d'imprimer en février 2014 par Industria Grafica Cayfosa en Espagne
Dépôt légal : mars 2014
ISBN : 978-2-81230-984-7
32/3938/1